Warenarchiv-Zukunft
EZA-Ware-Verplant

Es ist fast 20 Jahre her, daß ich zum ersten Mal einen Entwurf von David Chipperfield sah. Nicht viele junge Architekten haben Issey Miyake als Bauherren, aber ansonsten war es ein typisches kleines Projekt für einen Architekten, der sich gerade selbständig gemacht hatte: Ein Innenraum für einen Laden mit tiefem Grundriss und Schaufenster zur Strasse. Was das Projekt damals einprägsam machte und weshalb man sich auch heute noch daran erinnert, war, daß – selbst in seinen zwanzigern – Chipperfield das Selbstvertrauen hatte, nicht zu viel zu tun. Ein wunderbarer Steinfussboden, eine hohe Decke, eine grosse Tür, eine Bank und das war genug. In den zwei Jahrzehnten, die seither vergangen sind, hat sich in der Architekturlandschaft alles verändert. Anfang der achtziger Jahre haben die Architekten noch marmorverkleidete Bürohäuser gebaut, die sich als Art Deco Tempel ausgaben. Seither gab es noch eine ganze Reihe anderer Ismen, damals noch unbekannt, mittlerweile aber schon wieder vergessen. In gewisser Hinsicht hat sich Chipperfield mehr verändert als die meisten. Er ist zu einer bedeutenden Figur geworden: Ein Architekt, der baut oder vielmehr gebaut hat in Japan, Amerika, Deutschland, Spanien, Italien, Großbritannien; und ein Architekt, der entwirft: Gerichte und Museen, Fernsehstationen und Hotels, Häuser und Büros. Er gehört zu denen, die heute die Architekturlandschaft prägen. Und dann gleichzeitig – in ganz fundamentaler Weise – hat sich Chipperfield überhaupt nicht verändert. Er ist immer noch der Architekt, der er war, mit dem Selbstvertrauen nicht zu viel zu tun. Das ist eine Leistung, die umsomehr beeindruckt, wenn man bedenkt, daß er im britischen Kontext verwuzelt ist, wo man entgegen dem traditionellen Ruf des Landes nach Bescheidenheit architektonische Zurückhaltung in jüngerer Zeit kaum noch vorfindet. Er ist durch diesen Kontext definiert, aber er steht in gleicher Weise für ein Architekturverständnis, das sich mittlerweile über ganz Europa erstreckt, keinen Stil, definiert durch Manierismen oder persönliche Handschrift, sondern einen gemeinsamen Glauben an architektonische Intelligenz, die nicht jeden Morgen neu erfunden werden muss.

Deyan Sudjic

It is almost 20 years since I first saw one of David Chipperfield's designs. Not many young architects have Issey Miyake as a client, but otherwise, it was a typical small project for somebody just starting out on their own; to create an interior for a shop with a deep plan, and window wall to the street. What made it memorable then, and indeed still makes it memorable today, long after it has succumbed to the relentless attrition that overtakes almost everything to do with retailing, was that even in his twenties Chipperfield had the confidence not to do too much. A beautiful stone floor, a high ceiling, a big door, a bench. And that was enough. In the two decades that have gone by since then, everything in the architectural landscape has changed. At the start of the 1980s architects were still building marble faced office towers disguised as art deco Greek temples. Still in store were a host of other isms, then still undreamed of, that have come and gone. On one level Chipperfield has changed more than most. He has become a major figure, an architect who is building, or who has built in Japan, America, Germany, Spain, Italy, the United Kingdom, an architect who designs law courts, museums, television stations, hotels, houses and offices. He has a position that serves to define a part of the architectural landscape. And yet at the same time, at a more fundamental level he hasn't changed at all. He is still the architect that he was, with the confidence not to do too much. It is an achievement that is all the more impressive, given that he is rooted in the British context, where despite the country's traditional reputation for understatement, architectural subtlety has not been much in evidence in recent years. He is defined by that context, but he has also become part of an architectural sensibility that now stretches across Europe, not a style, defined by mannerisms, or signatures, but a shared belief in an architectural intelligence that does not need to be reinvented every morning.

Deyan Sudjic

Im Rhythmus der Moderne
David Chipperfields Service-Center für Ernsting's-Family
Jürgen Tietz

Das Hinweisschild „Gewerbegebiete" an deutschen Bundesstraßen oder Autobahnen ist häufig als ein Synonym für das architektonische Grauen zu verstehen, das diese Areale für ihre Besucher bereithalten. Denn dort findet sich zumeist eine Sammlung von erschütternd belanglosen Hallenarchitekturen, die in ihrer Lieblosigkeit nicht nur die Landschaft ruinieren, sondern auch die zeitgenössische Architektur selbst in Misskredit bringen.

Wie eng Baukultur und gelungene Gewerbearchitektur hingegen miteinander verflochten sein können, das beweist die Unternehmenszentrale von Ernsting's Family im münsterländischen Coesfeld-Lette. Dort ist in den letzten 20 Jahren ein bemerkenswertes Architekturensemble entstanden, von dem aus die annähernd tausend Filialen des Textilunternehmens täglich beliefert werden. Ob gläsern avantgardistisch, expressiv bewegt oder steinern streng: die unterschiedlichen Bauten, die Santiago Calatrava, Fabio Reinhart und Bruno Reichlin sowie Johannes Schilling in Lette errichtet haben, fügen sich zu einer vielschichtigen Architekturwelt zusammen, in die der Brite David Chipperfield einen bemerkenswerten Schlussstein eingefügt hat.

Zusammenspiel
Entsprechend den Anforderungen des Wettbewerbs von 1999, hat Chipperfield den neuen Baukörper des Service-Centers in drei größere Abschnitte aufgegliedert, so dass die unterschiedlichen Unternehmensteile wie die Verwaltung von Ernsting's Family, die Ernsting Holding und die Tochterfirmen ihre eigenen Gebäudebereiche zugewiesen bekommen konnten. Das grundlegende Kompositionsprinzip der locker gegliederten, campusartigen Anlage sind die offenen Innenhöfe und geschlossenen Atrien, um die herum Chipperfield die Bauteile angeordnet hat. Im Zusammenspiel mit der bewegten Gartengestaltung des belgischen Gartenarchitekten Peter Wirtz entstand so eine kunstvoll modellierte städtebauliche Situation. Dabei sind die Baukörper des Service-Centers wie minimalistische Würfel hintereinander gestaffelt oder so gegeneinander versetzt, dass sich immer wieder überraschende neue Ansichten bieten und Räume öffnen. Eine wichtige Rolle kommt dabei den Gartenhöfen zu, die sich zwischen die doppelgeschossigen Kuben mit ihrer grauen Fassade aus Betonfertigteilen schieben und sie so akzentuieren.

Diese angenehm luftige städtebauliche Gestaltung setzt sich auch in der Großzügigkeit der Fassade fort. Sie wird durch den gleichmäßigen Rhythmus der breiten Loggien beherrscht, die der Fassade ihre ungewöhnliche Tiefe verleihen. Dahinter schließen sich die raumhohen hochrechteckigen Glasfenster an, die dafür sorgen, dass viel Licht in die Großraumbüros dringen kann. Den notwendigen Sonnenschutz leisten die automatisch gesteuerten sandfarbenen Stoffmarkisen.

Allein schon durch die Abmessungen der Loggien mit dem Raster von 8,10 Meter haftet dem Gebäude unterschwellig eine monumentale Note an. Schwer wirkt es dennoch nicht. Im Gegenteil: leicht über den Sockel auskragend, besitzt der Baukörper einen fast schwebenden Charakter. Dieses Spiel zwischen Monumentalität und Leichtigkeit, zwischen Öffnung und geschlossener Wand erfährt beim Haupteingang eine besondere Betonung. Ihm ist ein weiter steinerner Platz vorgelagert, der der Eingangssituation genügend Raum gibt, um ihre Wirkung zu entfalten: Wie ein steinerner Rahmen umfasst dort die graue Betonkonstruktion den Eingangsbereich, zu dem einige Stufen hinauf führen. Lediglich ein mittig gestellter weißer Betonpfeiler stützt die Konstruktion zusätzlich ab. Dadurch entsteht eine differenziert gestaltete offene Vorhalle mit unterschiedlichen Raumschichten, deren Rückseite neben einem seitlichen Durchblick entlang der Fassade vor allem durch eine schön strukturierte Sichtbetonwand und den eigentlichen gläsernen Eingang akzentuiert wird.

Das Thema der offenen Vorhalle nimmt Chipperfield auch beim rückwärtigen Eingang zur zentralen Haupthalle des Service-Centers auf. Dabei entsteht dort eine Art offener Pfeilergang, dessen beide Geschosse durch eine Stahltreppe miteinander verbunden sind. Doch auch hier

In Tune with Modernism
David Chipperfield's Service Center for Ernsting's Family
Jürgen Tietz

In Germany, road signs indicating "industrial area" are often interpreted as synonymous with poor architecture, and they give an idea of what these areas have in store for their visitors. You are most likely to find a collection of shockingly anonymous industrial architecture that, by its carelessness, not only ruins the landscape but also discredits contemporary architecture.

By contrast, the Headquarters of Ernsting's Family in Coesfeld-Lette, within the region surrounding the town of Münster, is a testimony to how closely connected both architectural culture and industrial architecture can be. A remarkable architectural ensemble has emerged here over the last twenty years, an ensemble from where daily deliveries are despatched to almost one thousand branches. The different buildings erected by Johannes Schilling, Fabio Reinhart and Bruno Reichlin as well as Santiago Calatrava, all sit together comfortably, whether they be glazed avant-garde, expressively curved or of refined stone. Within this multi-faceted architectural world of Coesfeld-Lette, the British architect, David Chipperfield, has inserted a remarkable keystone.

Interplay

The new Service Center building was arranged by Chipperfield to accommodate the three different components of the business, the administration of Ernsting's Family, Ernsting Holding and future subsidiary companies, in accordance with the competition brief of 1999. The fundamental principle behind the composition of the loosely arranged campus is the open courtyards and closed atria around which Chipperfield has arranged the sections of the building. Together with the curved garden design by the Belgian landscape architect, Peter Wirtz, he has mastered the highly differentiated modelling of an urban setting. The individual volumes of the Service Center are like minimalist cubes staggered one behind the other, or alternated alongside each other in order to offer surprising new views between the spaces that have been created. In this composition, the insertion of the garden courts between the double-height volumes fulfils an important role, exposing and accentuating the façades of the pre-cast concrete units.

The generous façade strengthens the building's pleasant and spacious urban form, whilst the dominating rhythm of the wide loggias lends it an unusual depth. Ample light penetrates into the open plan offices behind the façade, through the room-height rectangles of glass. Automatically controlled solar shading is provided, when necessary, by sand-coloured fabric awnings.

A monumental quality is subliminally imparted to the building by the dimensions of the loggias alone, with an 8.1m grid. Yet this does not create a heavy appearance. On the contrary, the structure appears to be almost suspended as it cantilevers lightly over the plinth. This interplay between monumentality and weightlessness, between the aperture and the closed wall is especially emphasised at the main entrance. In its foreground lies a stone forecourt, which affords sufficient space to take in the effect of the entrance area. The concrete structure envelops the entrance space like a stone frame, through which the visitor gains access via some steps from the forecourt. A white concrete pillar provides support at the centre of the construction. Thereby the complex structure of the open foyer emerges with different tiers of space, whilst an exposed concrete wall and the glazed entrance frame the background, next to a lateral view along the façade.

Chipperfield reinterprets the theme of the portico in the rear entrance area, which leads to the centrally located main hall of the Service Center. He creates here a kind of open colonnade, whose two floors are connected by a steel staircase. Even in this space the architect does not interrupt the even grid of loggias, but instead uses it to frame the views from this open passageway to the garden. From the colonnade, a simple gate in the balustrade admits you into the small U-shaped courtyard, bordered by the workrooms of the Ernsting's Family section of the building. This self-

unterbricht der Architekt nicht das gleichmäßige Raster der Loggien, sondern nutzt es, um den Ausblick aus dieser offenen Wandelhalle auf den Garten zu rahmen. Vom Pfeilergang gelangt man auch durch ein einfaches Tor im Geländer in einen kleinen Innenhof, der U-förmig von Arbeitsräumen des Bauteils für Ernsting's Family eingefasst wird. Ganz auf sich selbst konzentriert, nur von einem geschlängelten hellen Kiesweg durchmessen, entsteht so ein intimer „Hortus Conclusus". Die kleinteilige Bepflanzung dieses „Paradiesgärtleins" bildet einen deutlichen Kontrast zur rahmenden Großform der Architektur und weitet den Hofraum zugleich auf.

Hohe Hallen

Den beiden äußeren Vorhallen, die mit ihrer architektonischen Geste an die Formensprache Le Corbusiers erinnern, schließt sich im Inneren des Service-Centers eine große zentrale Halle an. Es ist ein hoher Raum, überragt von einem Oberlicht, das ihn bereits von außen als zentralen Ort der Anlage kennzeichnet. Von hier aus gelangen die Besucher und die rund 125 Mitarbeiter des Hauses in die einzelnen Gebäudeteile.

Der hölzerne Tresen am Eingang, der helle Fußboden aus Terrazzo, die weißen Wände, eine rote Sitzgarnitur aus Leder, das dunkele Stahlgeländer der Galerie und die Oberlichter zu den Büros sowie eine raumhohe Sichtbetonwand an der Rückseite der Halle setzen die betont unaufgeregte Architektursprache der Betonfassade auch im Inneren fort. Unterhalb der Galerie schließt sich zusätzlich ein leicht separierter Aufenthaltsbereich mit Tischen und Stühlen für die Mitarbeiter an, eine Cafeteria, die zugleich als Ort für kleinere Besprechungen oder für's brainstorming mit Blick in die ruhige Halle oder in den Garten genutzt werden kann. Der eigentliche Point de vue der Halle ist jedoch das große Relief „Eichbaum" des Bildhauers Ludwig Gies (1887-1966). Von einem Stahlrahmen gefasst, steht es auf einem dunkelgrauen Sockel vor der Sichtbetonwand. Deutlich aus der Mittelachse gerückt, verleiht es der Halle eine nahezu sakral anmutende Aura. Unterstützt wird diese Wirkung durch das Oberlicht. Vergleichbar einem Obergaden zieht es sich um die Halle und lenkt so den Einfall des Lichtes von oben. Die Decke selbst ist durch die Betonträger in große

Kassetten untergliedert, die mit hellen Holzlamellen gefüllt sind.

Durch einen Kunstgriff verleiht Chipperfield der Halle zusätzliche Leichtigkeit: Die Betonträger der Decke liegen nicht direkt auf den Stützen auf. Stattdessen vermitteln stählerne Elemente zwischen den Betonträgern. So wirkt die Decke fast, als würde sie über der Halle schweben, als wäre sie nur für einen Augenblick während eines permanenten Transformationsprozess fixiert worden.

Auch in dem Bauteil für die Tochterfirmen nimmt Chipperfield das Thema der Halle erneut auf, doch diesmal in einer anderen Interpretation: Anstelle der Öffnung zum übrigen Gebäude und zum Garten, liegt diese kleinere Halle am Ende eines schmalen Ganges. Folgerichtig ist ein weitaus intimerer Raum entstanden, eine in sich selbst ruhende Halle, die ihre Belichtung wiederum hauptsächlich durch das umlaufende Oberlicht erfährt. Das Raster der Betonstützen, die weißen Bürowände, helle Holzflächen sowie eine Galerie zu einer Seite der Halle, all dies fügt sich zu einem konzentrierten Raumeindruck zusammen. Dank ihrer guten Akustik kann die Halle sogar zur Aufführung von Kammerkonzerten genutzt werden.

Diese ruhige und doch höchst differenzierte Architektursprache setzt sich auch im übrigen Service-Center fort. Entsprechend der Gliederung in drei Bereiche, sorgen drei Kerne aus Sichtbeton für die Aussteifung des Gebäudes. Hier haben Service-Einrichtungen und Treppenhäuser ihren Platz gefunden. Farblich entsteht ein Vierklang: Das Grau des Betons und das Weiß der Wände erzeugen ein Wechselspiel mit hellen Holzflächen und dem orangefarbenen Teppichboden.

Anstelle kleiner Arbeitszellen besitzt das Service-Center Großraumbüros und Arbeitshallen; Raumfluchten, die allein schon durch die lichte Höhe von 3,34 Metern einen besonderen Charakter haben. So verfügt jeder Mitarbeiter über eine Grundfläche von rund 19 Quadratmetern. Eine zusätzliche Qualität erhalten die Arbeitsplätze durch die Loggien; sie rahmen nicht nur die Ausblicke auf die umgebenden Gartenlandschaften, sondern sie dienen auch als Austritte für die Mitarbeiter, als kleine Pausenräume zum Luft schnappen für zwischendurch.

sufficient and self-orientated space forms an intimate hortus conclusus, crossed only by a winding path of light gravel. The small plants in this idyllic little garden produce a clear contrast to the enveloping architecture and at the same time extend the courtyard space. Thus you would wish to spend hour after hour sitting on one of the wooden benches allowing your self to take in the interplay between architecture, garden and sky.

Grand Foyers

The two external porticos, whose architectural expression are reminiscent of the language of Le Corbusier, are linked by the large central hall of the Service Center. The protruding rooflight of this high space, visible from the outside, marks it out as the central part of the building. From here, visitors are directed to their destinations and the staff force, of approximately 125 employees, reach their separate sections.

The deliberately calm architectural language of the concrete façade is continued in the interior through the timber reception, the light terrazzo flooring, the white walls, the red leather couches, the dark steel balustrade of the gallery, the rooflights of the offices as well as a room-height exposed concrete wall on the opposite side of the hall. But Chipperfield emphasises certain features like the sculptural effect of the steel staircase with timber lining, which leads to the upper floor gallery. In addition, there is a subtly separated lounge area for the employees, with tables and orange-coloured chairs, a café with views into the foyer or out into the garden landscape, which also serves as an area for small meetings or brainstorming sessions. However the real eye-catcher in the hall is the large relief Eichbaum (Oak Tree) by the sculptor Ludwig Gies (1887–1966). It attaches an almost sacred aura to the space, standing significantly off-centre, in front of the exposed concrete wall, framed in steel atop a dark grey plinth. This effect is strengthened by the rooflight, which extends across the hall, as might a clerestory, allowing the light to fall in from above. Concrete beams arrange the ceiling into coffers, which are filled with light timber slats. Chipperfield also provides the hall with a sense of weightlessness, raising the concrete beams from the top of the columns, by means of inserting steel elements in between. The ceiling seems to be almost hanging across the length of the foyer, as if it had been only provisionally positioned before the structure was completed.

Chipperfield continues and reinterprets the theme of the foyer in the section of the building allocated for future expansion. Instead of opening out onto the rest of the building and the garden, this smaller hall is located at the end of a narrow passageway. The result of this is the creation of a far more intimate space, a hall that produces its own peaceful atmosphere and again benefits greatly from the light cast by the vast rooflight. The grid of concrete beams, the white office walls, the light timber spaces and a gallery on one side of the hall all come together to form an impression of a concentrated space. The hall can also play host to chamber concerts, thanks to its good acoustics.

The peaceful and highly sophisticated language expressed in this architecture is continued throughout. Exposed concrete cores, which house the services and staircases, reinforce the arrangement of the main sections of the building. The four colours applied within the building generate a subtle accord, as the grey concrete and white walls of the offices harmonise with the light timber surfaces and ochre carpeting. The Service Center's open plan offices reject the idea of small cells and instead gain an exceptional quality from the headroom of 3.34 metres and 19m2 floor area which each employee has at their disposal. This quality extends out to the loggias, which not only frame the views into the garden landscape, but also provide external space for employees to enjoy a break during the day.

Harmonious Antagonism

The organic curves of Peter Wirtz's garden landscape surround the building, providing the antithesis to the language of Chipperfield's peaceful monolithic architecture. Surprisingly, the two designs are not inconsistent, despite their differing characteristics. On the contrary, the degrees of sensibility and poetry apparent in both the garden and architecture unite them in their radical differences, providing an overall impression of harmony.

Harmonischer Antagonismus

Die Gartenlandschaft von Peter Wirtz, die das Gebäude einfasst, bildet den organisch bewegten Gegenpol zur ruhigen Großform der Architektursprache Chipperfields. Doch trotz der so unterschiedlichen Gestaltungsmerkmale fallen Architektur und Gartenlandschaft überraschenderweise nicht auseinander. Im Gegenteil, sie ergänzen sich zu einem harmonischen Gesamteindruck, denn Garten und Architektur eint bei aller Unterschiedlichkeit ihr hohes Maß an Sinnlichkeit und Poesie.

So flankiert ein langgestrecktes Wasserbecken den Bauteil der „Töchter", gibt ihm Raum – und Zeit für Spieglungen und Lichtreflexe und leitet zugleich zu der Terrasse vor der Cafeteria über. Dort sorgt die Wasserfläche zugleich für eine angenehme Atmosphäre beim Sitzen. Hauptkennzeichen für Wirtz Gartengestaltung in Lette sind jedoch die langgestreckten und sanft geschwungenen Hügel. Sie sind mit Gräsern bepflanzt, die sich im Rhythmus des Windes bewegen. Dazwischen erstrecken sich Rasenflächen. Einzelne Bäume sind so in die Landschaft gesetzt, dass sie als Blickfang jeweils einzelne Gartenbereiche akzentuieren. Dazwischen windet sich ein heller Kiesweg. Zwischen den „Altbauten" und dem neuen Service-Center findet sich aber auch eine große runde Wasserfläche. Ganz von Rasen eingefasst, dient ihre Oberfläche als Himmelspiegel.

Dank dieses architektonischen und gärtnerischen Rahmens lässt das neue Service-Center den Angestellten von Ernsting's Family die nötige Freiheit, die für die Entwicklung von Geist und Gedanken bei der Arbeit notwendig sind. Der derzeit in Deutschland gern bemühte Begriff der Baukultur - hier findet er seine lebendige Verkörperung. Denn in Coesfeld-Lette stellt David Chipperfield einmal mehr seine Fähigkeit unter Beweis – von Mies van der Rohe bis zu Le Corbusier – die unterschiedlichen Fäden aufzunehmen, die die Architektur der Moderne im zwanzigsten Jahrhundert gesponnen hat, um sie schließlich zu einem ganz neuen, ganz eigenen Band zusammenzuflechten.

Gartenlandschaft mit Blick auf Service Center und Vertriebsgebäude Gartenentwurf von Wirtz International Entwurf des Vertriebsgebäudes von Reinhart, Reichlin und Calatrava

Garden with view towards Service Center and Distribution Center Garden design by Wirtz International, design of Distribution Center by Reinhart, Reichlin and Calatrava

Gartenlandschaft, Entwurf von Wirtz International

Garden, design by Wirtz International

A long water feature gives the subsidiary company's section space and the opportunity to absorb the effect of the reflections of light off the surface of the water. The feature extends to create a pleasant atmosphere for those taking a break on the terrace in front of the café. However, the gently curving hills are the main characteristic of Wirtz's design, planted with long grass that sways to the rhythm of the wind. Individual trees have been planted to catch the eye and accentuate particular areas along the meandering path. A large round water feature sits between the Service Center and the existing buildings, reflecting the sky on its surface.

The framework of the architecture and landscape design provides the Ernsting's Family employees with the degree of freedom required to allow the development of the mind and ideas at work. Here is a living definition of building culture, which many are trying to achieve at present in Germany. In Coesfeld-Lette, David Chipperfield has once again proven his ability to take up the yarns spun by the Modern Movement – from Mies van der Rohe to Le Corbusier – to interlace them to form a whole new thread that is wholly his own.

Architektur für Menschen
Der Bauherr Kurt Ernsting
Jürgen Tietz

Allerorten klagen die Architekten darüber, dass ihnen die Bauherrn abhanden gekommen seien. Einer, mit dem man diskutiert, an dem man sich reiben kann. Einer, den man überzeugen muss, vom Entwurf bis zum Detail, ehe man die unterschiedlichen Vorstellungen von Architektur in eine gemeinsame gebaute Wirklichkeit überführen kann.

Aber was ist eigentlich so schlimm daran, dass es anstelle von engagierten Bauherren, die für das eigene Unternehmen Neubauten errichten, immer häufiger anonyme Investmentgesellschaften gibt, die die Bauaufträge vergeben? Architektur ist schließlich Architektur. Doch ist sie das wirklich? Nur wenn der Architekt einen Bauherrn hat, weiß er für wen er baut. Er macht Entwürfe, und weiß bereits, wer später sein Haus mit Leben füllen wird. Und gerade das ist für einen Unternehmer wie Kurt Ernsting das Entscheidende: “Architektur muss für die Menschen da sein”, sagt er. Der Mensch als Maß aller Dinge. Ein Gemeinplatz könnte man meinen. Doch weit gefehlt. Denn die gebaute Wirklichkeit unserer Städte entspricht diesem hohen Anspruch allzu oft nicht.

“Architektur, das gehört zu den zehn, vielleicht sogar zu den sechs wichtigsten Dingen im Leben”, sagt Ernsting. Und auf die Nachfrage hin, warum das so sei antwortet er: “Weil die Architektur mich täglich umgibt, und weil sie mich dadurch formt.” Architektur als Alltagserfahrung. Die Arbeitswelt als gelebte Baukultur. Kein Wunder, dass sich jemand mit dieser Haltung in seinem eigenen Unternehmen für gute Architektur stark macht, ihre Bedeutung und ihren Nutzen für sich und die Mitarbeiter erkennt und nutzt – und ihre Schönheit genießt.

Seine erste Karriere hatte Kurt Ernsting schon hinter sich, als er 1968 beschloss, ein Filialunternehmen für Textilien aufzubauen. Im Zweiten Weltkrieg verwundet, der Vater und die Schwester nach Bombenangriffen gestorben, arbeitete Ernsting nach 1945 in der Landwirtschaft. Doch dann sattelte er um, machte eine Textillehre, geprägt durch das elterliche

Architecture for the People
The Client Kurt Ernsting
Jürgen Tietz

Architects everywhere complain that clients seem to be vanishing, a client with whom to discuss, one that you can incite, a client that must be convinced of the design right down to the details before the various architectural ideas can be translated into a built reality.

Although, what is actually so awful if, instead of committed clients that erect new buildings for their own firms, there is an increasing tendency towards building contracts being awarded by anonymous developers? After all, architecture is just architecture. Or is it more than that? An architect only knows whom he is building for when he has a client. He can then develop a design, knowing who will eventually use and give life to his building, and that is precisely the crucial point for Kurt Ernsting. He believes that "architecture has to exist for the people" – man as the measure of all things – a common place, if you like. But the truth all too often falls well short, as the built reality in our towns seldom meets these high standards.

"Architecture", says Ernsting, "belongs amongst the ten or even six most important components in life". When prompted for his reasoning, he replies that architecture surrounds him everyday, and therefore shapes him – architecture as an experience within everyday life, in which work becomes an experience of the built environment. With this approach, it comes as no surprise that he defends good architecture within his own firm, recognising its benefits and taking advantage of them, whilst also enjoying its beauty.

Kurt Ernsting left his initial career behind in 1968, and instead decided to build a textile firm that would utilise a network of outlets. He worked in the farming industry from 1945, after being wounded in the Second World War and having lost his father and sister during the bombing raids. Ernsting initially moved into the textile industry in the early fifties and sixties, during which time he re-established the parental business.

Verbindungsbrücke zwischen Vertriebscenter 1 und 2 Entwurf von Schilling Architekten

Bridge between Distribution Center 1 and 2, design by Schilling Architekten

Blick auf Vertriebscenter 2 und 1 Entwurf von Schilling Architekten und Reinhart, Reichlin und Calatrava

View towards Distribution Centre 2 and 1, design by Schilling Architekten and Reinhart, Reichlin and Calatrava

Campus – Vertriebscenter 2 von Schilling Architekten auf der linken Seite und Service Center auf der rechten Seite

Campus – Distribution Center 2 by Schilling Architekten on the left and Service Center on the right

Geschäft im münsterländischen Coesfeld, das er anschließend in den fünfziger und frühen sechziger Jahren wieder aufbaute. 1968, die Bundesrepublik der Adenauer Ära befand sich im Umbruch, erkannte er den Trend zur Selbstbedienung – auch für den Textilhandel. Viel Ware günstig einkaufen, um sie günstig weiterzuverkaufen, das war die Idee, mit der er gegen tief sitzende Vorurteile ankämpfen musste. Denn damals galt: was nichts kostet, das taugt auch nichts. Ein Vierteljahr testete Ernsting seine Geschäftsidee. Dann begann die Expansion. Sie dauert bis heute an. Inzwischen nennt sich sein Unternehmen Ernsting's Family und verfügt über 970 Filialen, vorwiegend im Westen und Norden Deutschlands, aber vereinzelt auch im Großraum Berlin. Rund 5.000 Mitarbeiter sind in den Filialen beschäftigt. Die Keimzelle des Unternehmens befindet sich aber noch immer in Coesfeld-Lette. Groß ist Lette nicht. Nur alle Stunde fährt ein Zug nach Dortmund oder in die entgegengesetzte Richtung, ins nahe gelegene Holland. Es ist idyllisch hier. Und selbst das Gewerbegebiet von Lette hat mit seinen vielen Bäumen etwas Beschauliches.

Was mit dem Bau einer Halle nach dem Entwurf von Herbert Falk seinen Anfang nahm, das hat sich mittlerweile zu einem bemerkenswerten Campus ausgeweitet. Mit David Chipperfields Service-Center hat er nun seinen Schlusspunkt bekommen. Zumindest vorläufig. Denn Ernsting baut gerne. Nicht nur in Coesfeld, auch bei seinen Filialen. Er ist ein Bauherr aus Leidenschaft, der die gute Architektur für sich entdeckt hat. Doch was ist für ihn gute Architektur? Ernsting denkt ein bisschen über die Frage nach, dann kommt die wohlerwogene Antwort, die man auf sich wirken lassen sollte: "Gute Architektur, das ist gestalteter Raum, in dem ich mich gestalten kann."

In Lette ist ein Raum entstanden, der Ernsting und seinen Mitarbeitern einen architektonischen Rahmen bietet und ihnen zugleich die nötige Freiheit zum Denken und Arbeiten belässt. Hinter der Halle von Herbert Falk war Mitte der achtziger Jahre ein neues Auslieferungslager für die ständig wachsende Firma nach funktionalen Gesichtspunkten geplant worden. Der Rohbau war bereits fertiggestellt, als die Frage nach der Fassade aufkam. Vor die Wahl gestellt, welches Kleid er ihr denn vorhängen

However, it was in 1968, when the West Germany of the Adenauer era was undergoing radical change, that he recognised an increasing trend towards self-service outlets, particularly within the textile trade, and this prompted his business approach of buying textiles en masse, enabling their onward sale at cheaper prices. The commonly held belief that purchasing quality meant paying for it resulted in Ernsting having to fight against deep-seated prejudice to his approach, but after testing his idea for four months, he set about the expansion of his firm, which continues to this day. Since then his firm has expanded to a network of almost a thousand branches, mainly in the north and west of Germany, but also in the former East German states, and has been known as Ernsting's Family.

The nucleus of the firm is still found in Coesfeld-Lette. Lette is not large. Trains run to Dortmund, or in the opposite direction towards nearby Holland, just once an hour. But it is idyllic, and even Lette's industrial area, filled with trees, holds an air of tranquillity.

What began with the construction of a factory block, designed by Herbert Falk, has since expanded to become a remarkable campus. The Service Center, designed by David Chipperfield, marks the final addition to the ensemble, at least for the present, as Ernsting enjoys building, not only in Coesfeld but also at his sales centres in the north and east of Germany. He has developed a passion for being a client for building projects and through this has discovered good architecture for himself. But what is good architecture to Ernsting? He chews over the question before giving his carefully considered response, which should be listened to and absorbed: "Good architecture is a designed space in which I can develop myself".

The resulting space that has emerged in Lette offers Ernsting and his employees an architectural framework and at the same time allows them the necessary freedom to think and work. A new distribution centre had been designed during the eighties to house the growing requirements of the firm, to fit behind the existing warehouse block by Herbert Falk. When it came to the decision of how to dress the completed shell, Ernsting decided he could not continue upon this route. Inspired by his son, who

Anlieferungstore zum
Vertribscenter 1
Entwurf von Santiago Calatrava

Doors to delivery dock of
Distribution Cetner 1
Design by Santiago Calatrava

wolle, schüttelte Ernsting den Kopf. Stattdessen entschied er sich für einen anderen Weg, für einen mühevolleren aber auch einen anspruchsvolleren: Angeregt durch seinen Sohn, der Kunstgeschichte studiert hat, schrieb er einen Wettbewerb aus. Das Ergebnis war ein Bau von Bruno Reichlin, Fabio Reinhart und Santiago Calatrava, dem damals noch kaum bekannten großen spanischen Architekten.

Jetzt war Kurt Ernsting auf den Geschmack gekommen, auf den Architekturgeschmack. Und er hatte auch die qualitätsfördernde Bedeutung von Wettbewerben verinnerlicht. 1996 folgte ein zweiter Wettbewerb, aus dem Johannes Schilling als Sieger hervorging. So schließt sich neben dem Bau von Reinhart, Reichlin und Calatrava sein 1997/99 verwirklichter Neubau an: Ein Haus mit gläserner Front und großen blauen Lichtröhren, die nicht nur über das flache Dach herausragen, sondern auch über die Bäume der Umgebung und dem Gebäude seine typisch dynamisch-futuristische Note verleihen. Inzwischen fügt sich Chipperfields Service-Center in das vielschichtige Ensemble ein. An der Stelle wo einst die Halle von Herbert Falk gestanden hat, die Keimzelle des Unternehmens, vervollständigt es den Ernsting-Campus, macht ihn zu einem funktionsfähigen Ensemble aus Gewerbebauten und rundet ihn zugleich zu einem kleinen Architekturmuseum der letzten 15 Jahre ab. Der bewusste Verzicht auf äußere Schaueffekte und die Suche nach einer inneren Qualität in der Architektur, die sich unmittelbar in guten Arbeitsbedingungen für seine Mitarbeiter niederschlägt, ist für Ernsting das Leitmotiv, das die drei so unterschiedlichen Baukörper im Kern miteinander verbindet. Darin kommt auch ein Stück seiner Unternehmensphilosophie zum Ausdruck. Einst als Werbeidee eingeführt, ist der Name Ernsting's Family längst als Motto des Unternehmens verinnerlicht worden. Dieser Aspekt des Familiär-Gemeinschaftlichen drückt sich auch über die Architektur aus, zieht sich als Leitmotiv durch die Gebäude: über die Glasfront von Schillings Bauteil und den freundlichen Campus bis in das lichte Haus von Chipperfield. Und noch eines eint die Bauten. Der unbedingte Wille zur Qualität. Darin schließen sie an den Anspruch an, den Architekt, Bauherr, Mitarbeiter und Kunden für sich einfordern – jeder für sich und jeder auf seine Weise.

Verbindungsbrücke zwischen
Service Center und Vertriebscenter
Entwurf von Santiago Calatrava

Bridge connecting Service Center and Distribution Center, design by Santiago Calatrava

had studied art history, he followed the much more arduous, but superior route of organising an architectural competition. The emerging building was designed by Fabio Reinhart, Bruno Reichlin and the great Spanish architect, still relatively unknown at that stage, Santiago Calatrava.

This is the stage at which Ernsting gained his passion, his taste for architecture. He also started to incorporate the most significant aspect of competitions, the promotion of quality. He followed the first competition with a second in 1996, from which Johannes Schilling emerged as the victor, developing his building alongside that of Reinhart, Reichlin and Calatrava between 1997 and 1999. The building gains a typically dynamic and futuristic tone through its glazed façade and large blue tubular rooflights, which not only protrude above the flat roof but also above the surrounding trees. Since then, Chipperfield has erected his Service Center in the space where the factory block by Herbert Falk once stood. This building completes the Ernsting campus as a functional collection of working buildings, standing as the nucleus of the firm, and simultaneously completes this small museum of architecture from the last fifteen years.

The intentional omission of superficial architectural effects and the concentration upon the fundamental qualities of architecture shows the leitmotif that connects the three very different structures on the campus together for Ernsting. This aim gains expression through the good working conditions made available to his colleagues and displays a piece of his firm's philosophy. Since being used as an advertising ploy, the name of Ernsting's Family has been maintained as the firm's motto. This aspect of the familiar and sense of community is also expressed via the architecture, and runs as the theme throughout the buildings – from the glazed front of Schilling's building and the sense of the friendly campus, through to the open and light building by Chipperfield. And one further element unites the buildings: the implicit desire for quality. That is how they achieve the standards that architect, client, colleagues and customers demand of themselves – they each demand of themselves and each in their own different way.

Eingangsbauteil zum Vertriebscenter 1, Entwurf von Bruno Reichlin

Entrance building to Distribution Center 1, design by Bruno Reichlin

Organik und Mystik
Der Eichbaum von Ludwig Gies
Dr. Bernd Ernsting

Nach langer Irrfahrt durch Raum und Zeit, aus dem Berlin der 1940er Jahre über das Rheinland der Nachkriegszeit, fand jüngst ein mächtiges Relief in der Foyerhalle des westfälischen Service-Centers seinen ihm - im Wortsinn - angemessenen Ort. Ursprünglich 1941 für die Stirnwand eines neu errichteten Sitzungssaales auf dem Krakauer *Wawel*, der altehrwürdigen Burg der polnischen Könige konzipiert, stellt nunmehr die Bildtafel den Ausgangspunkt architektonischer Konzeption dar.

Unter den deutschen Bildhauern des 20. Jahrhunderts nimmt ihr Schöpfer Ludwig Gies (München 1887 - 1966 Köln) eine Sonderstellung ein. Aus handwerklicher Ausbildung alle künstlerischen Materialien beherrschend, entwickelte er früh die Auffassung vom dreidimensionalen Körper als einer Addition einzelner Ansichtsseiten, von denen jede ein in sich geschlossenes Reliefbild darstellt. Dieses architektonische Moment der "Fassade" als Prospekt im Gegenüber zum Betrachter teilt die Bildhauerei hier mit der Baukunst. Gies war aktives Mitglied des *Deutschen Werkbundes*, der die Einheit der sogenannten freien und der angewandten Künste im Gesamtkunstwerk postulierte, ein Ziel, dessen höchste Vollendung sich im gleichermaßen pragmatisch wie künstlerisch konzipierten und ausgestatteten Bauwerk manifestiert. Im gemeinsamen Wirken mit Architekten schuf der Bildhauer zahlreiche Wand- und Glasfenstergestaltungen. Dem Charakter des still in sich selbst gekehrten Künstlers entsprechend, verbindet sich sein Name nur den wenigsten Menschen mit seiner am meisten bekannten plastischen Schöpfung, dem *Bundesadler* im alten Plenarsaal des Deutschen Bundestages zu Bonn. Was ihm hier zum Schicksal achtloser Anonymität wurde, war ihm Jahre zuvor und in dunkler Zeit die einzige Chance zur Berufsausübung. Gewissermaßen in der Höhle des Löwen vermochte es der Architekt Edgar Horstmann, mit Ludwig Gies und Hermann Blumenthal zwei als entartet gebrandmarkte Künstler für sein Krakauer Bauprojekt zu gewinnen. Der ältere Gies hatte mit seinem *Lübecker Kruzifix* bereits 1921 das kunstpolitische Feindbild des aufkommenden Nationalsozialismus geschaffen und mußte mit diesem 1937 die berüchtigte Ausstellung Entartete *Kunst* in München eröffnen, der jüngere Blumenthal fiel, ohne über das Modell seines Entwurfes hinausgelangt zu sein, 1942 als Soldat an der Front.

Ludwig Gies bei der Arbeit am Relief Eichbaum um 1942 (Aufn. Franz Linkhorst)

Ludwig Gies at work on the Eichbaum relief, circa 1942 (Photo Franz Linkhorst)

Bildhauer und Baumeister teilen das fundamentale Bedürfnis nach plastischer Gestaltung, nach dreidimensionaler Entwicklung ihrer Idee im Raum. Was in diesen objekthaft hineingestellt wird, umschließt ihn in einem anderen Ausschnitt zugleich. Der Positivform des Körpers antwortet die Negativform sowohl des ihn umschließenden wie des von ihm umschlossenen Raumes. Verleiht der Architekt seinem Bauwerk eine raumbegrenzende Haut, gespannt über die konstruktiv wie ästhetisch tragenden Teile, so legt der Bildhauer seinem Reliefbild eine transparent unsichtbare Folie auf, an der alle kompositorisch wie inhaltlich bedeutsamen Elemente seiner Formfindung in einer gemeinsamen Ebene anschließen. Hier wie dort ist der Betrachter sich seines eigenen Diesseits bewußt, hier wie dort bleiben ihm irritierende Überschneidungen und effektbetonter Illusionismus erspart. Aus der Helligkeit der obersten, optimal im seitlichen Streiflicht erfahrbaren Reliefebene stufen sich nachfolgende sowohl im Bau- wie im Bildwerk bis in die Dunkelzone der grundlegenden Tiefe zurück.

Die Maße der Tafel - 5,20 m Höhe bei 3,85 m Breite - wurden 1941 durch die Architektur bestimmt, die Anbringung sollte oberhalb eines großen Kamines erfolgen. In seinem Berliner Atelier nahe dem Anhalter Bahnhof begann Gies die Arbeit an den acht Einzeltafeln ausgesucht guten Eichenholzes, die, horizontal aufeinandergefügt, das Gesamtwerk ergeben sollten. Mit Hilfe eines nicht weiter bekannt gewordenen Mitarbeiters - auf dem fertigen Werk neben Gies mit seinem Namen *P. Klaar* dokumentiert - konnten fünf Tafeln vollendet werden, einzeln und auf Holzböcken stehend wurden sie bearbeitet. Diese technische Besonderheit spricht für des Künstlers Vermögen, auch am Einzelausschnitt dessen Wirkung im noch nicht sichtbaren Gesamteindruck kontrollieren und beeinflussen zu

Organics and Mysticism
Eichbaum (Oak Tree) by Ludwig Gies
Dr. Bernd Ernsting

After many years of relocation, from 1940's Berlin to the Rhineland of the post-war era, a powerful relief finally found its fitting home in the foyer of the Ernsting Service Center in Westphalia. The plate was originally conceived for the flank wall of the newly constructed conference hall in the old castle of Polish kings, the *Wawel* in Krakow, but now represents the starting point of architectural conception.

The artist who created this work, Ludwig Gies (Munich 1887 – 1966 Cologne), holds a special place amongst 20th Century German sculptors. Once he had mastered all the artistic techniques, he soon developed the concept of using individual planes as self-contained images within an agglomeration forming a larger three-dimensional object. This idea of the 'façade', in which the beholder stands before a prospect, is an element architecture shares with sculpture. As an active member of the *Deutsche Werkbund* (German Association of Artists), Gies postulated the Gesamtkunstwerk, "synthesis of the arts", by the unity of the so-called free and applied arts, whose ultimate manifestation was in a combination of pragmatically and artistically conceived architecture. He created numerous designs for walls and windows, working in collaboration with architects. However, he maintained the character of a quiet and introverted artist, and so very few people associate him with his most well known sculptural creation, the *Bundesadler* (Federal Eagle) in the old German parliament chamber in Bonn. What now became for him a fate of unnoticed anonymity, in the years before and in darker times, had been the only chance for professional practice. The architect, Edgar Horstmann, was able to bring Ludwig Gies and Hermann Blumenthal into his building project in Krakow, despite their reputation as degenerate artists. Gies, as the elder of the pair, had already created *Lübecker Kruzifix* (Lubeck Crucifix) in 1921. The concept of the sculpture was considered, both politically and artistically, as the enemy by the rising tide of National Socialism and in 1937, Gies was forced to open the notorious exhibition in Munich, *Entartete Kunst* (Degenerated Art), with this work. Blumenthal died as a soldier on the front line in 1942, having produced no more than a model of his design.

Sculptors and architects share the fundamental desire to develop three-dimensional ideas within a space. Whatever object is placed within this space also encloses the space. The negative form responds to the positive form of the mass, the space surrounding it, as well as the space surrounded by it. Just as the architect gives his building a skin, stretched over the constructive and aesthetic parts to enclose the space, so too Gies applies an invisible and transparent film to his relief image. All the significant elements of his design, with regards to content and composition, become locked into one joint plane. With this sculpture, as with architecture, the beholder of the work is conscious of his own reality and he is spared irritating deception and deliberate illusions. Starting from the lightness of the uppermost section of the relief, which is most favourably viewed with lateral illumination, the light in each section is consecutively reduced, in architecture as in sculpture, down to the lower levels.

The panel's dimensions of 5.2m high by 3.85m wide were determined in 1941 by the architecture of its intended position above a large fireplace. Gies set about working the eight panels of carefully selected oak in his studio near the Anhalter Bahnhof, in Berlin. The pieces would be laid on top of each other horizontally to form the complete work. Gies completed five panels with the assistance of a colleague, *P. Klaar*, who is documented alongside him on the completed work, but was never to become more widely known. The pieces were worked individually on a trestle, which speaks volumes for the artist's ability to manipulate the sections whilst the overall impression is still uncertain. Gies, however, stopped work on the panels, when his suspicion that they would never be installed in their intended location was confirmed by the developments noted in contemporary history.

können. Als die zeitgeschichtliche Entwicklung die Vermutung nahelegte, die Tafeln würden den vorgesehenen Aufstellungsort niemals erreichen, stellte Gies die Arbeit ein.

Auf dem Wege der Übersiedlung in das Rheinland 1950 mit nach Köln geführt, war den Fragmenten ein abenteuerlicher Weg durch verschiedene Lagerplätze von Garagen bis zu Baustoffmagazinen beschieden, bis sie 1985 in einem ehemaligen Viehstall aufgefunden wurden; erst die Entdeckung eines Photonegatives, welches das originale Gipsmodell zeigt, machte die 1990 durch Joachim Droll unter Mitwirkung der ehemaligen Gies-Schüler bzw. -Mitarbeiter Hans Karl Burgeff, Heribert Calleen und Alfons Droll abgeschlossene Ergänzung fehlender Teile möglich. Dieses Verfahren entspricht der durch Gies geübten Praxis, die Ausführung seiner Skulpturen nach Modell oder Zeichnung Schülern und Mitarbeitern zu übertragen. Im Sinne des Bildhauers fertiggestellt, fand das Relief *Eichbaum* seit 1990 und bis zur Anbringung an seinem dauernden Aufstellungsort eine vorläufige Heimat im Kölner *Maternushaus*.

An welchem Ort auch immer - stets bewies und beweist dieses Reliefbild die besondere Fähigkeit seines Schöpfers zur monumentalen und niemals in Megalomanie scheiternden Gestaltung. Dieses architektonisch skulpturale Denken einer inneren Maßstäblichkeit ist unabhängig von wirklichen Dimensionen, und so nimmt es nicht wunder, daß Ludwig Gies zugleich als der wohl bedeutendste deutsche Medaillenkünstler seines Jahrhunderts gilt. Der Prägnanz seiner inhaltlichen Formulierung, selbst einer derart geheimnisvoll gestimmten wie im Falle des *Eichbaums*, entspricht die große Form seiner Komposition bis in das kleinste Detail, das sich immer dem Ganzen dienend einordnet und niemals autonomen Selbstzweck erstrebt.

Ludwig Gies verstand die sinnlich erfahrbare Welt als Ausdruck göttlicher Existenz, die sich im Mysterium der Natur offenbart. In den Jahren erzwungener, innerer Emigration war ihm diese Natur, die geheimnisvolle Dunkelheit des Waldes Flucht- und Bergungsort des seelisch bedrohten Individuums. Kleinformatige Holzschnitzwerke der 1930er und 1940er Jahre zeigen den einsamen Menschen, seltener das einander vertraute Paar inmitten dichtstehender Bäume, statuarisch diesen ähnlich und von gleicher, gewissermaßen vegetabiler Eigenartigkeit. Der Baum, breit und fest im irdischen Boden wurzelnd, strebt mit unerschütterlich solidem Stamm gen Himmel und entfaltet seine mächtige Krone in luftiger Sphäre, hierin Sinnbild einer organisch selbstverständlichen Wechselwirkung zwischen irdischem Diesseits und transzendentalem Jenseits. Die gleichermaßen plastisch und graphisch begründete Formfindung ist hierbei Beleg für Gies' Verständnis vom Ornament als sinnhaltiger Ausdrucksform.

Nach den Tafeln des Orgelprospektes in der Bonner Universitätsaula von 1930 entstand mit dem *Eichbaum* das größte Holzbildwerk des Künstlers, die Freiheit, die ihm inmitten einer Zeit der Unterdrückung geschenkt wurde, nutzte er zur Schaffung dieses expressiven Monumentalbildes. Im Rückgriff auf die rund zwanzig Jahre zurückliegende, expressionistisch beeinflußte Stilphase gestaltete er seine wohl am wenigsten durch Vorgaben gebundene Großskulptur, inhaltlich konnte sein persönliches Weltbild einer mystischen Harmonie von Natur und Kosmos zum Ausdruck gelangen.

The fragments undertook an adventurous journey to Cologne, in the Rhineland, in 1950, being stored in various spaces from garages to storage rooms for building materials, before they were discovered in a cattle shed in 1985. The initial discovery of a photo negative, showing the original plaster model, made it possible for Joachim Droll to complete the missing parts, in collaboration with Hans Karl Burgeff, Heribert Calleen and Alfons Drool, all former pupils or employees of Gies. The process of assigning the work of producing sculptures from a model or sketch, to student or employee assistants, was very much in keeping with Gies's practice. The *Eichbaum* relief, having been completed as the sculptor would have wished, found its provisional home in Cologne's *Maternushaus* in 1990, before being erected in its permanent installation space.

Irrespective of its location, this relief has always stood as evidence of the exceptional skill of its creator to design monumental works that never succumbed to megalomania. This architectural approach to sculpture displays an inner sense of scale independent of real dimensions, and so it is no wonder that Ludwig Gies is also possibly the most significant German medallist of his century. The succinctness of his formulation of content, even with such a mysterious mood as in the case of *Eichbaum*, corresponds with the large format of his composition right down to the smallest detail, which is always arranged to serve the whole and never strives to be an autonomous end in itself.

Ludwig Gies understood the sentient experience of the world as an expression of divine existence, which reveals itself in the mystery of nature. During the years of his forced, inner emigration, nature represented the secretive darkness of the wooded refuge, the protector of an individual's threatened intellect. The small format wood engravings produced in the 1930's and 1940's principally depict lonely people, and occasionally the intimate couple in the midst of a dense group of trees, like statues of almost plant-like idiosyncrasy. The tree, widely and firmly rooted into the earthly world, rises with its unshakeable solid trunk to the heavens and spreads its mighty branches toward the airy clouds, portraying a symbol of a natural organic interaction between earthly life and the transcendental hereafter. The design, both three-dimensionally and graphically developed, is evidence of Gies' understanding of the ornament as a sentient form of expression.

After completing the panels of the organ casework in Bonn University's main hall in 1930, the creation of *Eichbaum* became the artist's greatest wood carving. He used the freedom that he was given during a time of suppression to produce this expressive monumental image. Looking back to his stylistic phase of about twenty years earlier, influenced by expressionism, he designed his large-format sculpture that was maybe the work least affected by external restrictions. In its content he could express his personal philosophy of the mystical harmony between nature and the cosmos.

Der Eichbaum während des
Aufbaus im Service Center

The Eichbaum under construction
in the Service Center.

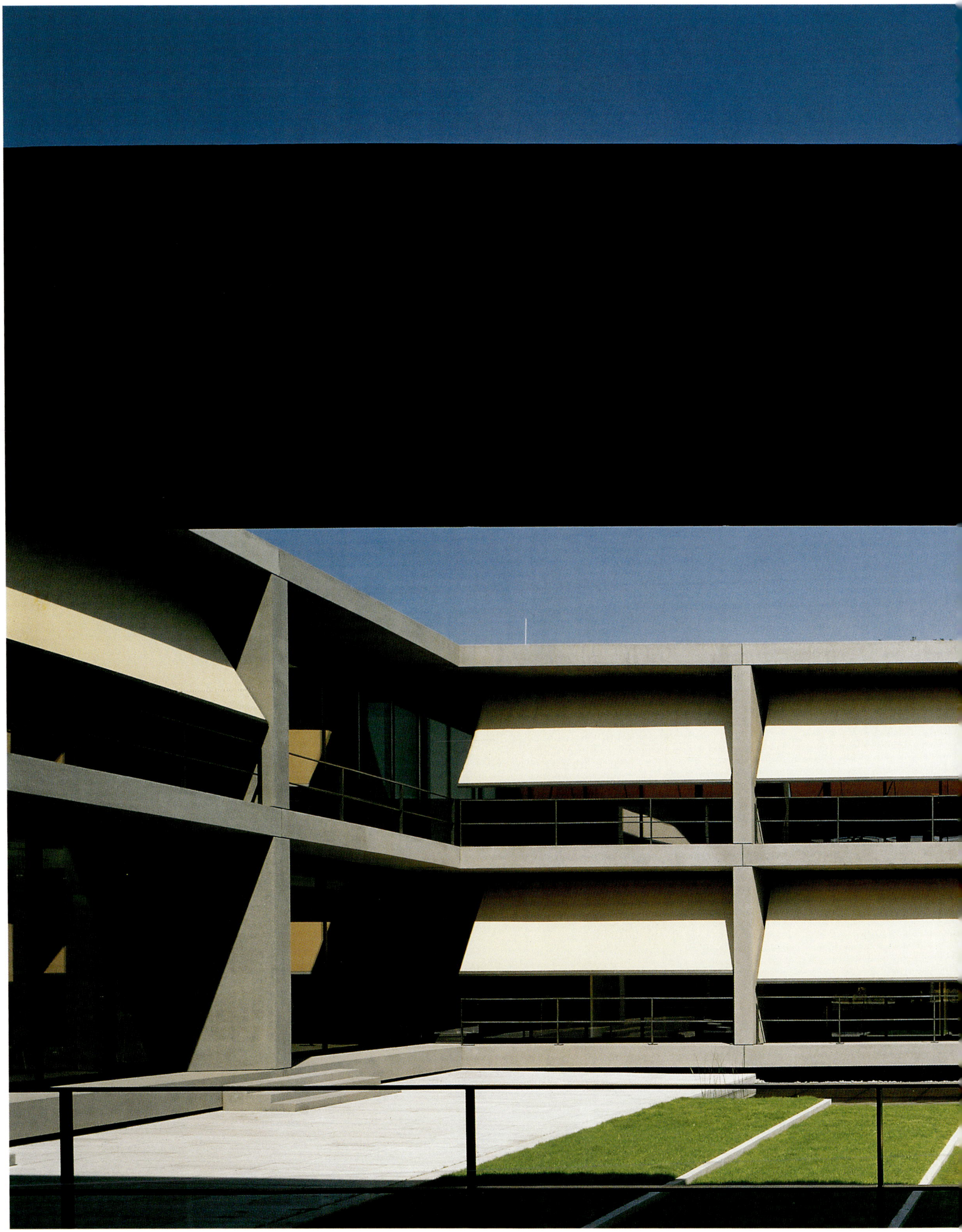

Deutsche Post

ITEM NO-331 5863
QUANTITY: 24 STUECK

135

adidas

41

Willkommen in der family
20. Juni

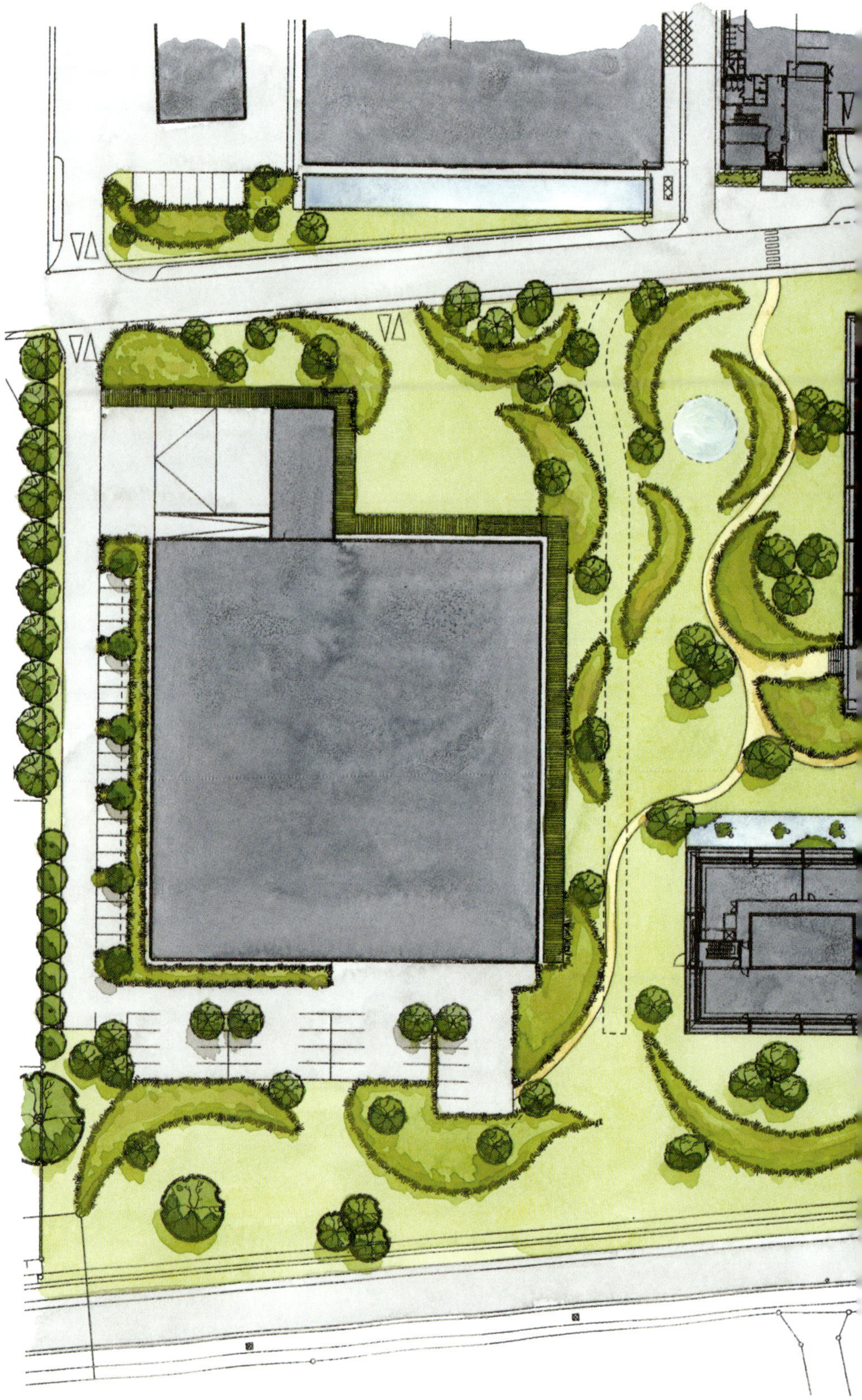

Landschaftsplan, Wirtz International

Landscape, Wirtz International

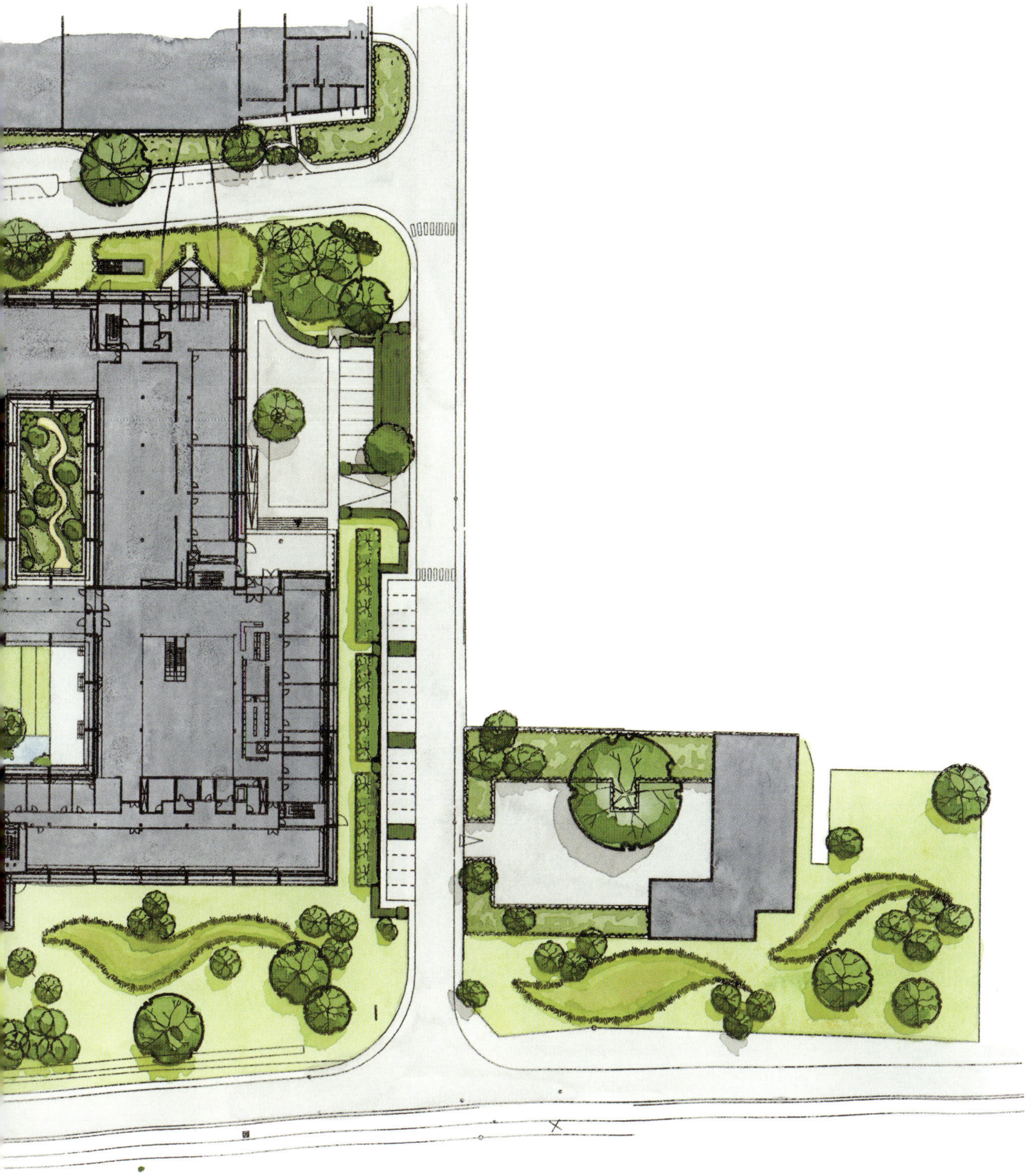

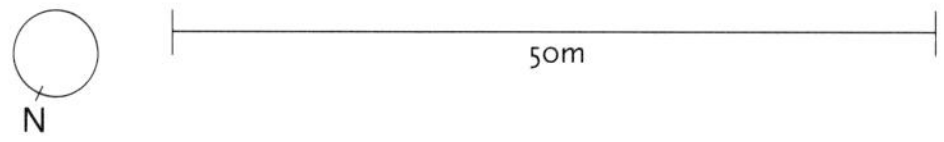

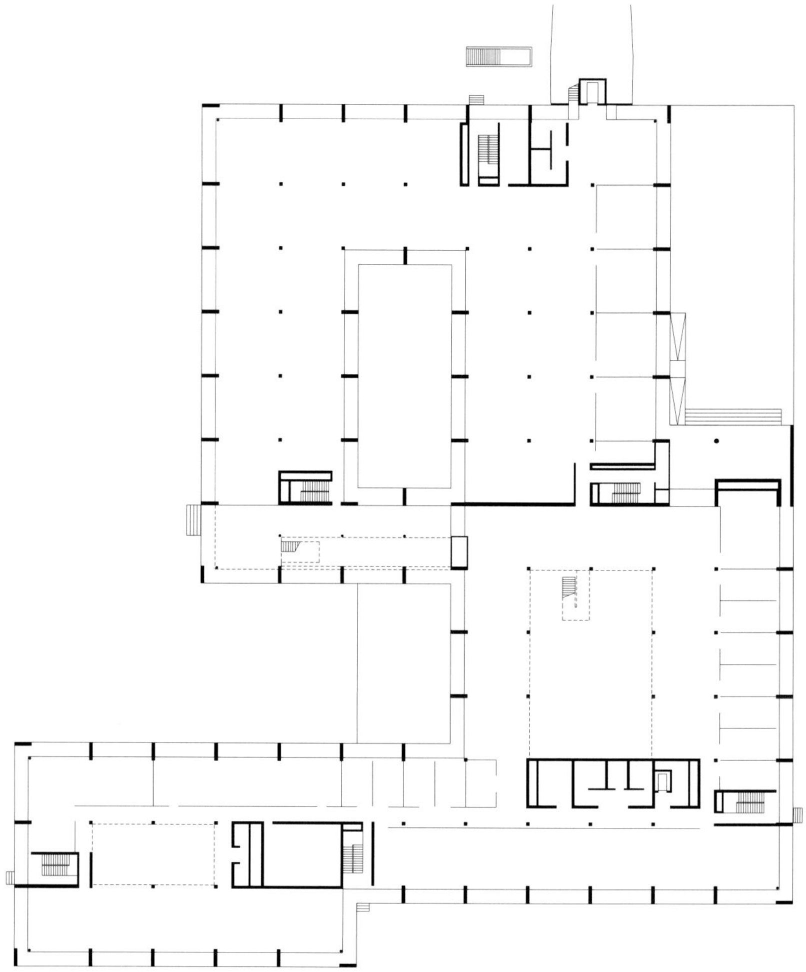

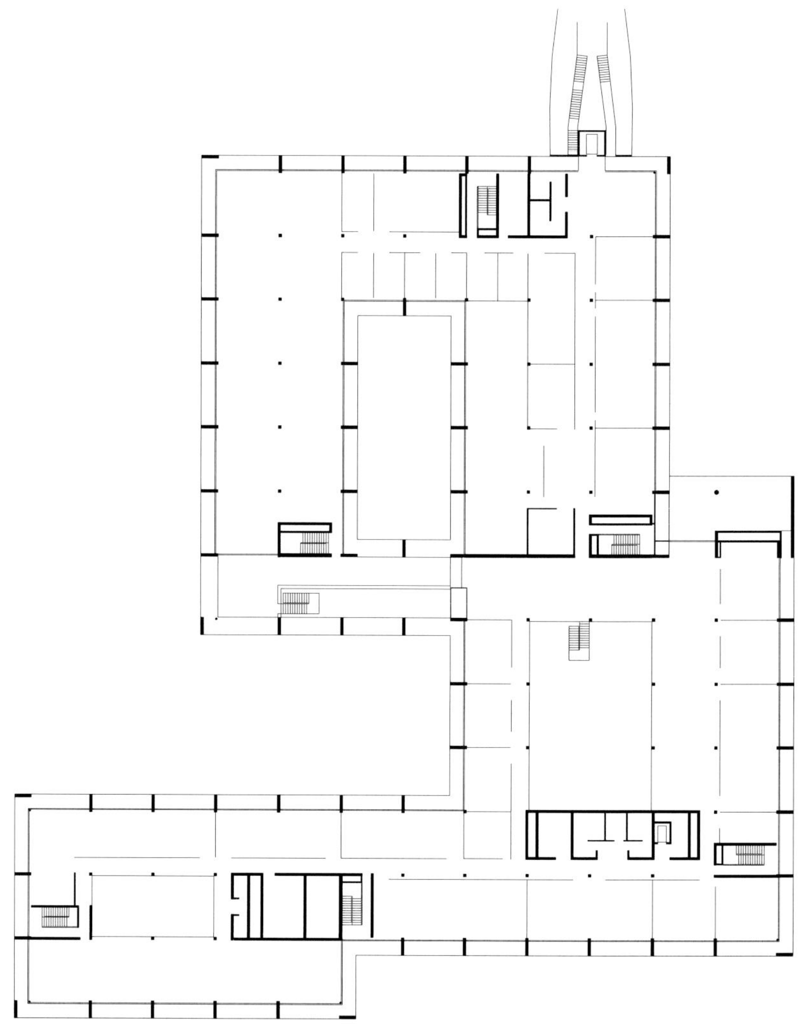

von oben
Erdgeschoß,
1. Obergeschoß

from top
Ground floor,
First floor

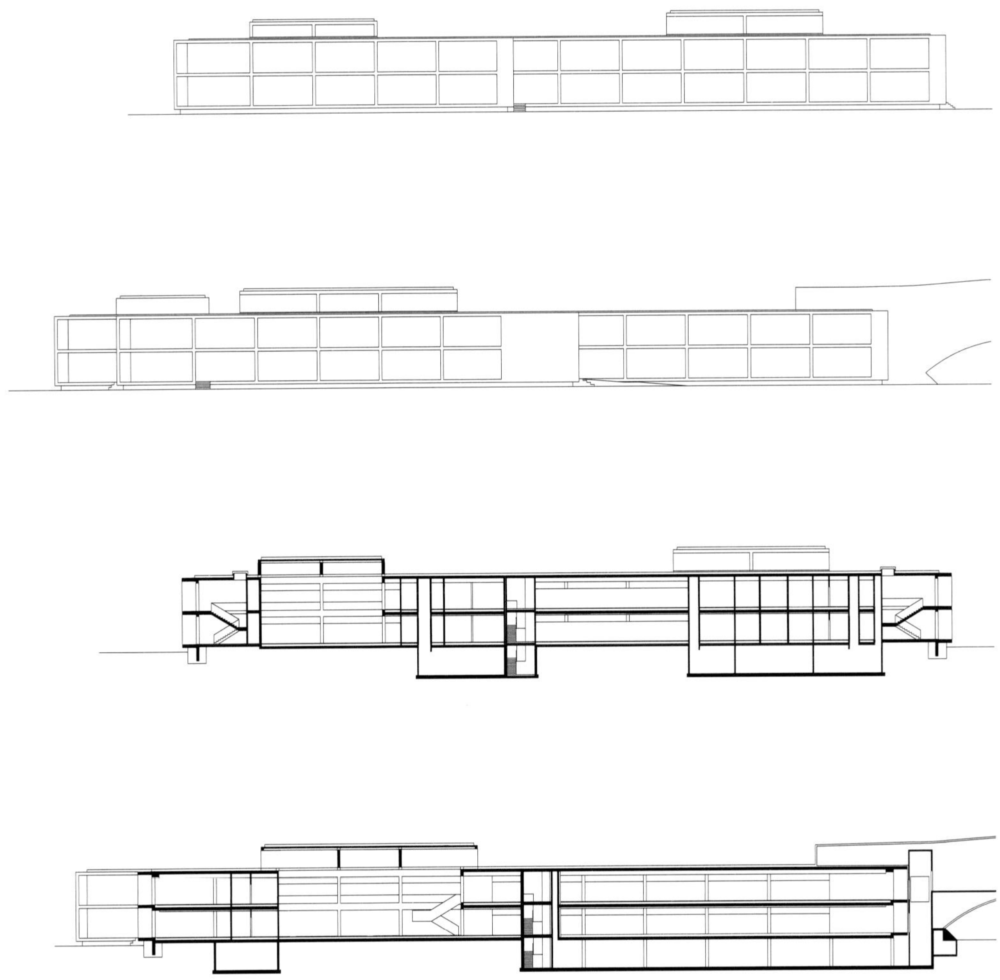

von oben
Ansicht von Nordwesten
Ansicht von Südwesten
Schnitt durch Lichthof (Kleines Atrium)
Schnitt durch Hauptatrium

from top
Northwest elevation
Southwest elevation
Section through small atrium
Section through main atrium

Fassadendetail

Façade detail

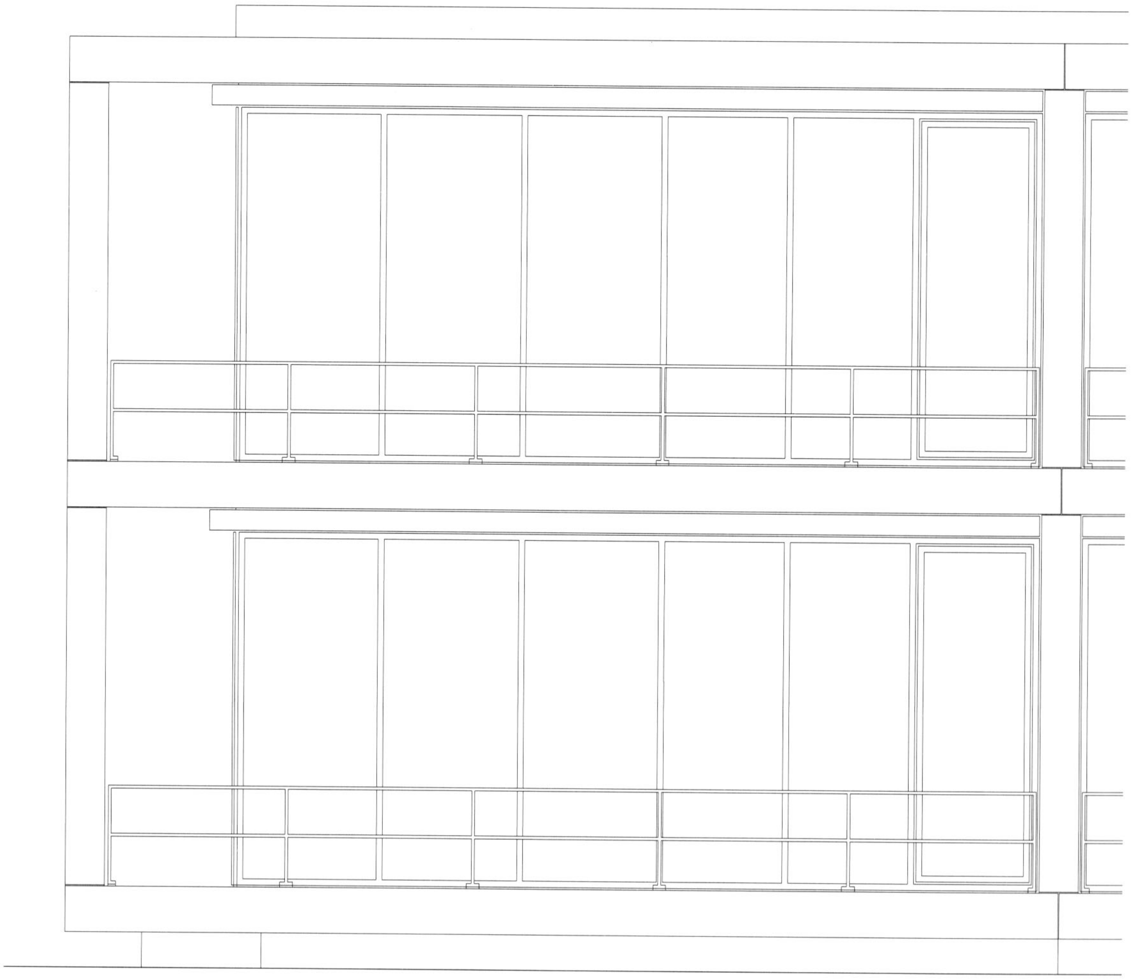

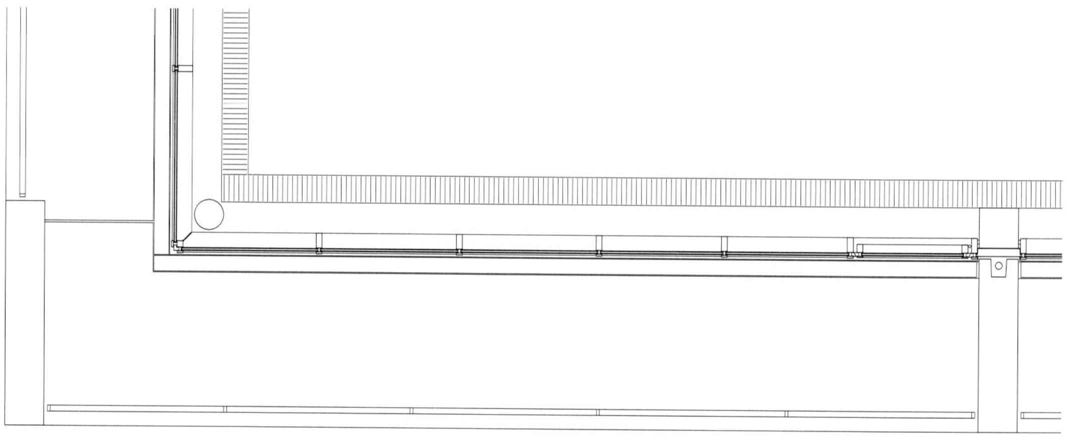

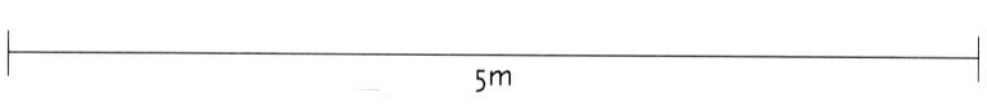

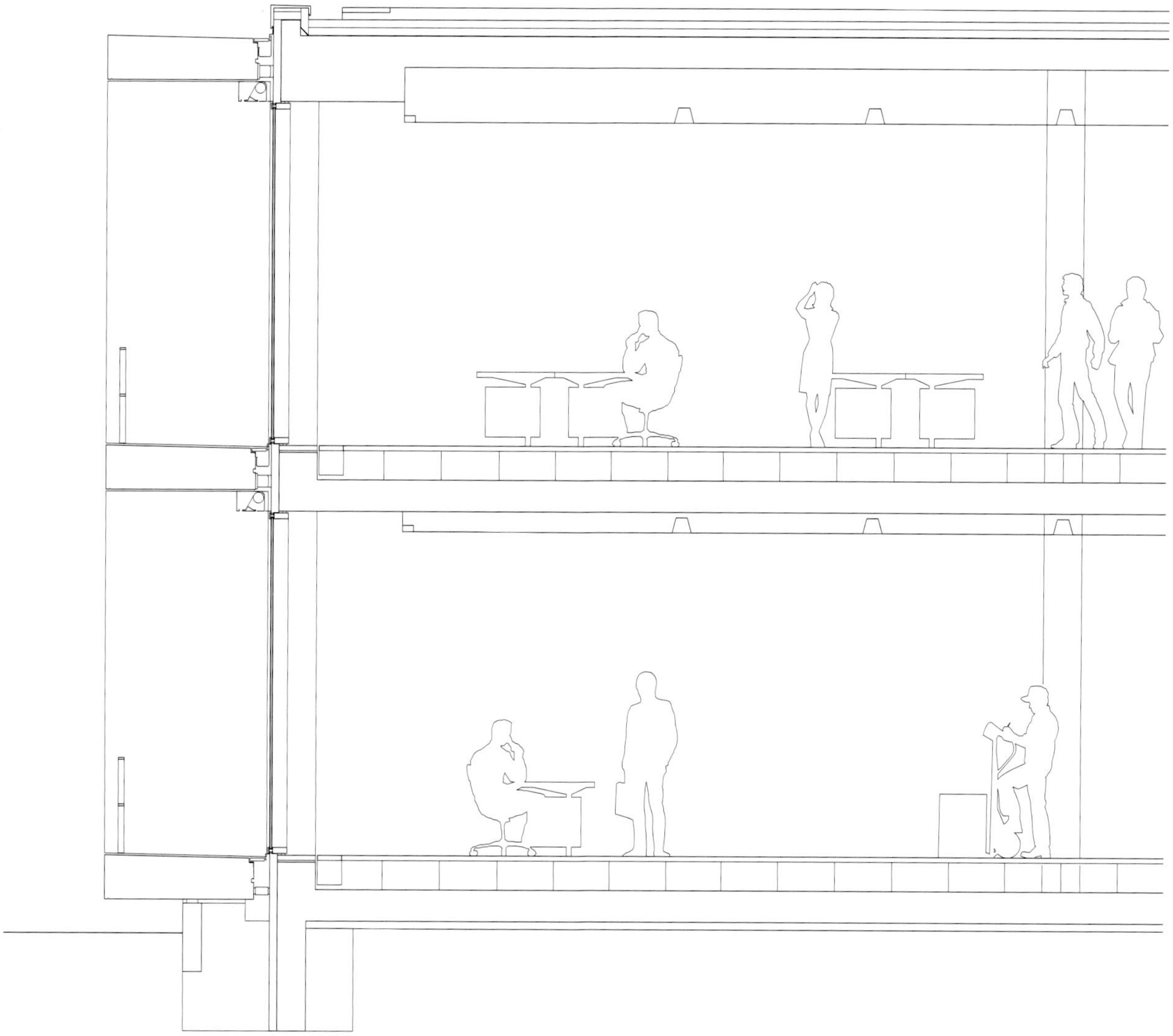

Baudaten

Wettbewerb	November 1998
Baubeginn	August 2000
Baufertigstellung	Dezember 2001
Bruttofläche	15,692 m^2
Nettogeschossfläche	14,316 m^2
Bruttorauminhalt	75,837 m^3
Gebäudekosten	34,000,000 DM
Konstruktion	Gebäuderaster 8,10m, Betonflachdeckenkonstruktion 32cm
Fassade	Vollständig geschosshoch verglast mit Loggien in eingefärbten und gesäuerten Betonfertigteilen
Haustechnik	Quellüftung über 350mm aufgeständerten Doppelboden Zusätzliche Lüftung durch öffenbare Türen zu den Loggien Kühlung durch Zuluft und wasserführende Kühldecken Heizung durch Zuluft, Deckenheizung und Unterflurkonvektoren Flächendeckende Sprinklerung Mechanischer Rauchabzug in den Atrien
Ausbau	Trennwände in Gipskarton mit durchgehenden Oberlichtern Türen generell 2.50m hoch, Eiche Furnier Beleuchtung der Büros mit Randleuchten und Downlights im Abstand von 2.025m Büros in Teppichboden, Atrium mit Terrazzo Kernwände in Sichtbeton

Baubeteiligte

Bauherr	Ernsting's Bau&Grund GmbH & Co. KG Industriestrasse 1 48653 Coesfeld-Lette
Architekt	David Chipperfield Architects, London: David Chipperfield, Martin Ebert, Jochen Glemser, Johannes tho Pesch, Mansour El-Khawad, Erik Ajemian, Heidrun Schuhmann, Peter Westermann, Henning Stummel, Jennifer Benningfield
Assoziierter Architekt	Schilling Architekten, Köln: Johannes Schilling, Jochem Vieren, Jens Finkensiep, Anita Schepp, Tobias Palm
Landschaftsarchitekt	Wirtz International, Schoten: Peter Wirtz
Tragwerksplanung	ARUP GmbH, Düsseldorf: Joachim Güsgen Jane Wernick Associates, London: Jane Wernick, Steve Haskins
Haustechnik	Planungsgemeinschaft Haustechnik PGH, Dormagen: Albert Hoffmann, Hilmar Göhre, Thomas Scislowski
Lichtdesign	Kress und Adams, Atelier für Lichtplanung, Köln: Hannelore Kress-Adams, Günter M. Adams
Prüfstatik	Thomas & Bökamp, Münster
Vermesser	Rudolf Pölling, Öffentlich bestellter Vermessungs-Ingenieur, Coesfeld
Bauphysiker	Graner und Partner, Bergisch-Gladbach
Brandschutzgutachter	Halfkann + Kirchner, Erkelenz
Brandschutzprüfung	Heister & Partner, Wegberg
Generalunternehmer	E. Heitkamp GmbH, NL Dortmund: Marcus von Rüden, Uwe Galka, Heinz-Peter Dämgen

Building Data

Competition	November 1998
Start on Site	August 2000
Completion	December 2001
Gross Area	15,692 m²
Net Internal Area	14,316 m²
Volume	75,837 m³
Construction Cost	34,000,000 DM
Structure	8100mm grid, concrete flat slab construction 320mm
Façade	Fully glazed with balconies in coloured and acid-treated pre-cast concrete elements
Services	Displacement ventilation via 350mm raised floor Additional ventilation via operable doors in the façade Cooling via fresh air and chilled ceiling Heating through air, heated ceiling and trench heaters Sprinkler throughout Mechanical smoke ventilation in atria
Fit Out	Partitioning in drywall construction with continuous clearstory Doors 2500mm high throughout, oak veneer Lighting in offices with perimeter lighting and down lights at 2025mm centre Offices with carpet, atrium with terrazzo flooring Core walls in fair face concrete

Credits

Client	Ernsting's Bau&Grund GmbH & Co. KG Industriestrasse 1 48653 Coesfeld-Lette
Architect	David Chipperfield Architects, London: David Chipperfield, Martin Ebert, Jochen Glemser, Johannes tho Pesch, Mansour El-Khawad, Erik Ajemian, Heidrun Schuhmann, Peter Westermann, Henning Stummel, Jennifer Benningfield
Associate Architect	Schilling Architekten, Köln: Johannes Schilling, Jochem Vieren, Jens Finkensiep, Anita Schepp, Tobias Palm
Landscape Architect	Wirtz International, Schoten: Peter Wirtz
Structure	ARUP GmbH, Düsseldorf: Joachim Güsgen Jane Wernick Associates, London: Jane Wernick, Steve Haskins
Services Engineering	Planungsgemeinschaft Haustechnik PGH, Dormagen: Albert Hoffmann, Hilmar Göhre, Thomas Scislowski
Light Design	Kress und Adams, Atelier für Lichtplanung, Köln: Hannelore Kress-Adams, Günter M. Adams
Structure Control	Thomas & Bökamp, Münster
Surveyor	Rudolf Pölling, Öffentlich bestellter Vermessungs-Ingenieur, Coesfeld
Building Physics	Graner und Partner, Bergisch-Gladbach
Fire Consultants	Halfkann + Kirchner, Erkelenz
Fire Control	Heister & Partner, Wegberg
General Contractor	E. Heitkamp GmbH, NL Dortmund: Marcus von Rüden, Uwe Galka, Heinz-Peter Dämgen

Beitragende zum Buch

Deyan Sudjic ist Architekturjournalist in London und Mailand. Er ist Chefredakteur der Zeitschrift Domus.
Dr. Jürgen Tietz ist Kunsthistoriker und Architekturjournalist in Berlin.
Dr. Bernd Ernsting ist Kunsthistoriker in Köln.
Christian Richters ist Photograph in Münster.
Edmund Sumner ist Photograph in London.
Jerry Harpur ist Landschaftsphotograph aus Chelmsford, Essex.
Jay Wolke ist Photograph aus Chicago. Er ist Leiter der Kunst und Design Abteilung am Columbia College Chicago.

Bildautoren

David Chipperfield Architects
p.3-4, 7-8, 11, 67-70
Jay Wolke
p.5-6, 19, 45-64
Jerry Harpur
p.9-10
Christian Richters
p.11-16, 21-24, 27-44
Edmund Sumner
p.25-26
Wirtz International
p.65-66

Contributors to the book

Deyan Sudjic is an architectural writer in London and Milan. He is the editor of Domus.
Dr Jürgen Tietz is an architectural writer and art historian in Berlin.
Dr Bernd Ernsting is an art historian in Cologne.
Christian Richters is a photographer in Münster.
Edmund Sumner is a photographer in London.
Jerry Harpur is a landscape photographer in Chelmsford, Essex
Jay Wolke is a photographer in Chicago. He is Chair of the Art and Design Department at the Columbia College in Chicago.

Image Credits

David Chipperfield Architects
p.3-4, 7-8, 11, 67-70
Jay Wolke
p.5-6, 19, 45-64
Jerry Harpur
p.9-10
Christian Richters
p.11-16, 21-24, 27-44
Edmund Sumner
p.25-26
Wirtz International
p.65-66

Konzeption und Edition: David Chipperfield Architects
Entwurf: Atelier Works
Übersetzung: Louise Parmenter
Herstellung: Rafael Aranda
Farblithos: Format Digital
Druck: Filabo

Concept and Editing: David Chipperfield Architects
Design: Atelier Works
Translation: Louise Parmenter
Copy Editing: Sue Brownbridge, Rafael Galisteo
Production Manager: Rafael Aranda
Color Separation: Format Digital
Printing: Filabo

ISBN: 84-343-1037-6
Dep. Legal: B. 25.981-2003 (Printed in Spain)

Available in the USA and Canada through D.A.P./Distributers Art Publishers
155 Sixth Avenue, 2nd Floor, New York, N.Y. 10013.
Tel: (212) 627-1999 Fax: (212) 627-9484.

57